origami

OCTAVIO ARMAND

origami

bokeh ✳

© Octavio Armand, 2016

© Fotografía de cubierta: Elisa Gallego Rooseboom, 2016

© Bokeh, 2016

Leiden, NEDERLAND
www.bokehpress.com

ISBN 978-94-91515-63-7

Umbral estrujado

Juego de manos, juego de villanos, decían nuestras abuelas para evitar que los amagos de batalla campal derivaran en veras. Pero hay manos que cautivan con sus juegos. Y las hay que saben aprovechar sus tres dimensiones y el dúctil varillaje de los dedos para dibujar acuarelas de sombra.

La palma se vuelve gruta, oculta las líneas del destino como cicatrices prematuras, curva el monte de Venus y busca el puño, parpadean los dedos y al unísono guiñan las sombras, de repente los embrionarios ideogramas trazados por el mejor calígrafo de la dinastía Tang asumen en la pared blanca la intrepidez de las imágenes.

En el vacío del Tao asoman rostros, animales, objetos en dos dimensiones que evocan la tercera con suficiente nitidez para que las siluetas negras se muevan como piezas de ajedrez en el vasto escaque blanco, enchumbándose en el espacio manso de ilusorios colores y de formas no menos ilusorias, que una y otra vez devueltas a las manos manchan la pared proscenio página con la audacia de renovadas ilusiones.

Se adivinan las oscuras rayas del tigre sobre la piel naranja y el marfil puntiagudo acompañando a la trompa grisácea. El perfil cobrizo de Lincoln a punto de pronunciar el discurso de Gettysburg se desvanece como nube tallada por el viento y la otra cara de la moneda ahora es Cristo, o Chaplin, o Cyrano de Bergerac disimulando la probóscide con versos y suspiros.

Calidoscopio de sombras y más sombras.

Sombras lanzadas por la luz contra la pared, donde cristalizan tras volverse añicos, pululantes y limícolas.

Sombras que retan a la mente con semejanzas y engaños, simulando cuerpos en el escaque ahuecado, cóncavo.

Sombras de la nada generando formas que se deforman, avivando metamorfosis en el apretado capullo de la mano, condensando nuevas sorpresas, como un olmo que da peras y mangos, ardillas, pájaros, manzanas, lotos, odaliscas, ballenas, tamarindo y mamoncillo.

Sombras que prescinden del cuerpo para renunciar a la muerte y que nunca nacen del todo para no morir del todo.

Sombras afanosas de abandonar unos cuerpos para seguir a otros y borrarlos a todos, uno a uno.

Sombras de sombras.

Cornucopia de vacíos.

Plétora de vanos.

Abundante nada.

Las sombras chinescas reducen las tres dimensiones de las manos a dos, creando ilusiones con movimientos que de inmediato fijan imágenes, como si arrastraran verbos sobre la pared proscenio página para perfilar sujetos. El origami invierte la conjugación de las dimensiones, aprovechando las dos del papel para crear volúmenes. Retomando el sendero fluvial de la tinta, que lleva de la caligrafía china a la nipona, el origami remonta la corriente del Yangtze-Kiang para celebrar con enérgicos dobleces la confluencia oriental: los remos, espadas samurái; el ritmo, acometidas de luchadores sumo, que como bolas de billar chocan sobre el dohyō.

El origami aprovecha la inercia de la materia para transformarla, suscitando la tercera dimensión del papel hasta lograr una ingrávida y delicadísima estatuaria. Dobla, abre y cierra las hojas como si pretendiera representar al viento con varillajes de abanico. Pero de esa evolución crispada no surgen pequeñas tempestades sino una zoología que abarca desde la fauna doméstica a la jurásica, y desde la fósil a la fantástica, cuyos dragones eslabonan el mundo de lo desaparecido al de las apariciones, ofreciendo monstruos de juguete a la lanza de San Jorge. Guerreros, piñas, estrellas, flores, avionetas, barcas para llegar a la penúltima gota de agua y barquillas de helados para aguar la boca son otras conquistas de esta grácil artesanía nipona. Todas parecen travesuras de Euclides.

El papel del papel no es pasivo: cada pliegue exige al siguiente, como las sucesivas y rigurosas rimas del soneto. Adquiere así forma y volumen la página en blanco, que llega a la profundidad con la gracia de un cisne aunque le toque representar sapos verrugosos. El logro asombra: se transmutan las dos dimensiones sin alterar la blancura del cisne ni de la página, como si Ovidio estrenase mutaciones rizando abanicos a partir de la geometría plana.

El Oriente meditabundo reitera este papel del papel en la piedra. Pues los guijarros blancos del jardín zen son piezas de un vasto origami. Rastrillados en curvas para sugerir ondulaciones, evocan el murmullo de corrientes de agua en el imperturbable silencio mineral; y dan la sensación de que entre márgenes inventadas las piedras mismas meditan el río heracliteano o la leyenda de Urashima Tarō y la tortuga.

Admirado en papel o supuesto en piedra, el origami entraña imágenes tangibles que de inmediato despiertan lo invisible como imagen. Sacude sus límites la extensión circundante y nace el espacio, que arrobado celebra con verbos y nombres al paisaje. Se esparcen nubes alrededor de un cóndor o se derraman mareas con suficiente levadura para acompañar los saltos juguetones de un delfín. La altura del cóndor y la acrobacia del delfín añaden verticales andinas y horizontales mediterráneas a las evocaciones, atrayendo el pasado mítico de Viracocha y de la epopeya homérica a la minuciosa relojería de Harrison.

El poema también pretende transformar a la página en blanco. Tiene algo de sombra chinesca y otro tanto de origami. Las palabras, insaciable apetito de representación en blanco y negro, son sombras –apenas sombras– de algo dicho que siempre queda por decir.

En la pared de papel la mano deja su huella oscura y el aliento su rastro aún más fugaz. El poema, suma inestable de lo que aparece entre los márgenes de la página –la mancha– y lo que permanece al margen de la página, dibuja al sonido con palabras. Letra a letra, eco tras eco, eco de ecos, como si llegara de tiempos remotos y de paisajes que solo caben entre las páginas, el gallo se empina en su azogue como una escultura de luz para reflejarnos, pero nos refleja sobre todo al desmoronarse haciendo trizas al espejo en mil espejos.

Mis pensamientos son minutos, dice el rey poco antes de ser asesinado en el *Ricardo II* de Shakespeare. El tiempo que medimos nos mide. Nos pierde y lo perdemos cuando se nos agota. En redundante cero arábigo: lo perdemos cuando lo perdemos para siempre. Cuando nos perdemos en el tiempo.

Si por un segundo cavilamos como el rey a punto de entregarse a las manecillas del reloj, si los pensamientos son minutos, ¿qué son los poemas? Me estremece pensarlo. Me estremece medir el tiempo del poema, instante que perdura, que aspira a perdurar, conservando en el blanco y negro de pocas palabras el aliento que alguna vez se abrigó en la noche del pulmón.

Recuerdo que de niño me causaba risa el gallo bravucón, sobre todo cuando se empinaba para cantar, inflando el buche como para retar al sol. Lo hacía sobre las patas amarillas y peladas, que contrastaban con la cresta roja y el tornasolado plumaje. El espectáculo me parecía paradójico y ridículo, como un tenor sobre zancos en la Escala de Milán.

Si contesto mi propia pregunta, me digo, seré como aquel gallo bravucón, que daba la hora como si fuera dueño de la luz que le prestaba el sol. Imagino a Diógenes desplumándome para refutar con risotadas la definición del hombre como *bípedo implume*. Me aplico esas risotadas. Me burlo de mí mismo al verme en manos del cínico. Y sin embargo me arriesgaré a encaramarme sobre zancos para ser relojero.

¿Qué son los poemas, si según el rey Ricardo los pensamientos son minutos? Diría que son vidas enteras. Minutos que son vidas: la inconsciente, la del sueño, la de sentimientos que van desde el arrobo a la rabia, la que tiene que saltar a diario como un león por el aro en llamas de la realidad, la que inventa realidades para una primera persona que añora segundas o terceras, y otras, muchas otras, todas ajenas a lo idéntico, idénticas a ti que escribes conmigo lo que lees.

Hace una hora no estabas aquí cuando apreté el puño y engurruñé unos apuntes descartados como umbral de este libro. Era una hoja de papel que no llegaba a página. Recordé entonces una imagen de hace cuatro décadas. En «La desesperación como superficie», de *Piel menos mía*, dejé esto: *Pág. Estrujado corazón en blanco.* Ese corazón estrujado era un homenaje a la página en blanco y una negación de la página en blanco. Un origami dadaísta. Nihilista. Pero también vivo. Latiente y latente. Como el tuyo, que le dará otra forma al mío. Pues tu lectura también será un origami.

Caracas, 9 de agosto 2016

En la dedicatoria de la primera edición callé los nombres de los amigos, pues quería que se sintieran nombrados por mi aliento en la intimidad de los poemas. Como varios han pasado a la otra orilla, creo que ahora, unos treinta años más tarde, no se perderá la intimidad si los nombro: Javier Sologuren, «Cinco piezas de invierno»; Asdrúbal Meléndez y Alba Rosa Hernández, «El infinito y yo»; mi hermano Luis, «Nadabrahma»; José Darío Márquez Pecchio, «Otra carta de Jonás para Tomás el Magnífico»; Miguel von Dangel, «Oráculo»; Edison Rosales, «Cuchillo tairona»; Gonzalo y Carolina Chirinos, «Hacienda La Mata».

A quien va conmigo

Algunos de estos poemas están dedicados. Es decir, fueron regalados a buenos amigos. Ellos saben quiénes son. Saben también bajo cuáles títulos aguardan, como en una caja, los nombres propios, tan ajenos.

Por eso los omito ahora. Por eso borro esos pequeños espejos. Así podrán los dueños de mi poesía —libres, como lectores— elegir y hacer suyos los poemas. Que cada uno halle su verdadero nombre donde mejor lo roce el filo del sentido. En realidad sólo ahí los nombro.

Caracas, 2 de diciembre 1985

Blanco sobre blanco

Borra también
la próxima palabra,
ésa que estás siempre
a punto de leer,
              ésta no,
aquélla,
la que mancha a la página.

18 de septiembre 1983

Cinco piezas de invierno*

1/ Tu corazón que no pesa.

2/ Tu nombre
que es un caballo
y se va tan lejos
que si lo digo me pierdo.

3/ La caída de nieve
sobre nieve,
como si Malevich
otra vez regalara
la verdad
          del espacio,
el espacio
          del espacio:

4/ Unos mendigos
que envidian
la piel de los ratones,
por su brillo quizá,
o la forma tan apta
de empujar sangre
por el cuerpo.

---

* Al final de la tercera pieza, en tinta idéntica al color de esta página, se lee «su ausencia» ocho veces, dibujo perfectamente inútil, cuadrado, infinito.

5/ Yo mismo, yo
que me paso la vida
recordando un grito.
Cómo esplende todo
en la dureza del aire
que vive entre las hojas, las corta,
dejando un hueco azul que llamamos cielo.

Madrugada

La luz se asoma al aire que respiro:
es una llamarada y es un árbol.

Me ponen una piedra sobre cada párpado
y la oscuridad pesadísima se apaga.

Nace la piel, nace la mitad del mundo,
señora de fáciles leones.

Lejos hago ríos que van a dar a la mar;
más lejos hago un barquito de papel y me voy.

Subo hasta mi sombra.

Cae el cuerpo soñado sobre otro cuerpo que sueña
y se enrosca en la oreja la punta de la lengua.

Así cantan los pájaros y yo los oigo cantar.

Nueva York, 25 de abril 1980

Diamante de madera*

Ni el día es día
Ni la noche es noche
Luces y nombres
En la mitad del tiempo
El tiempo nace
Dice Motherwell
Mi generación
No creía en la mentira de las líneas
Cage lee en su alemán
El alemán de Kafka
Debo estar loco
Creo que entiendo su alemán
¿Cuál imán?
Metamorfosis de la lengua
Para la metamorfosis de Samsa
Canto gregoriano el imán
Gregoriano Samsa
Gregorio samsara
Canto y cuento
Música
      Bufonada

---

  * «Diamante de madera» es un testimonio casi notarial de lo transcu-
rrido durante la conmemoración del centenario de Kafka auspiciado por
el Cooper Union de Nueva York en marzo de 1983. Participamos tres lati-
noamericanos en Kafka Unorthodox: Emilio Adolfo Westphalen, Blanca
Varela y yo. No es invención: el traductor de Blanca se apellidaba Snow.
Dore es Dore Ashton, profesora de historia del arte en dicha institución.

¿Nada?
      Nada
Estamos en Cagecoslovaquia
Estamos y no estamos
La barbilla sobre el hombre
Decía Mateo Alemán
En su español de España
¿Cómo se escribe
Kageka?
         ¿Cafka?
En la jaula de su nombre
Cage se retuerce como Samsa
En la jaula de su nombre
Cage es Samsa
         Samsara
Tú
    Yo
Nadie
Sobre todo nadie
Praga es una capital
Pero Checoslovaquia no es una nación
Se me olvida quién lo dijo
Pero es cierto
En el Rocco
Westphalen
Habló de su vida
Es decir
Del pasado por vivir
Al hablar sólo tenía ojos
No tenía mirada
O al revés

Tenía mirada
Los ojos
Como por casualidad
Se le habían quedado en la cara
Yo escuchaba
Como escucha el caracol vacío
Olas
      Cada vez más lejanas
O como un niño asomándose
A un caracol roto
Perfecto
      Roto
Ni el día es día
Ni la noche es noche
El traductor de Blanca
Se llamaba Nieve
En el Rocco
La vida habló de Westphalen
Al hablar sólo tenía voz
No tenía palabras
O al revés
Tenía palabras
La voz la boca el aire
Eran de alguien apenas recordado
El conde de Villamediana
Pierde diamantes
Por no romper el galope
Todo es movimiento
Gregorio samsara
Gregoriano Samsa
Ni el diamante es día

Ni el galope es noche
El diamante es movimiento
Roto el tiempo
El caracol roto derrama sus mitades
Noche y día
            Luces nombres
En la punta de la lengua
Dore se dio cuenta
Que yo hablaba de pintura
Que las palabras pintaban
En una caja de Cornell
Me dijo
No caben cavilaciones
Es cierto
Si pensaba
Cornell pensaba con los ojos
Con el tacto
El pensamiento como objeto
No lo pensaba
Lo encajaba
¿Cómo encajar
El galope de Villamediana?
En un diamante de madera
La caja cuaja
El movimiento es una piedra
Perfectamente tallada
Cage: jaula
Cornell: caja
Afuera lejos: Villamediana
Por aquí pasa la sangre
Como un espejo rapidísimo

De país a ciudad
De ciudad a casa
De casa a cuarto
De una jaula
Huye siempre
A otra jaula más pequeña
Ni el día es día
Ni la noche es noche
Pasa la sangre
En la mitad del tiempo
En estas líneas
El tiempo nace
Si fuera caracol sería bellísimo

20 de marzo 1983

Examen

¿Qué nos dices de la noche,
tú que llegas
regalando el brillo de la sangre?

¿Qué nos traes
en el halcón oscuro de la respiración,
tú que preguntas si esto es la vida?

¿Quién te espera
en el espejo?
¿Quién eres?

Yo también sé borrar
el ruido de la piel.
Mis palabras también
son un cielo escondido.

Nueva York, 26 de abril 1985

Retrato

Lo verás
jadeante,
          aunque
sentado,
las piernas
          cruzadas,
un libro,
tal vez un poco de nieve,
añade peso a los ojos.

Autorretrato sin mí

En el espejo
descubro
—empañado, roto, solo—
el espacio sin lugar que ocupo.
Desde el centro del círculo
salto
hacia adentro.
Es ahí
donde ceremoniosamente
mascullo
mi oscuro inventario.
Relámpago y ceniza.
Sangre y abluciones.
Una mitad memoria
y otra olvido.
¿Cuál es cuál?

Nueva York, 10 de septiembre 1984

El infinito y yo

Por la escalera del humo
me acerco a los dioses.
Abro la ventana como un libro
y sigo el paso de los animales prestados a la luz.
Osas, peces que al nadar apuestan sus escamas,
escorpiones lentamente encendidos,
el trazo de un geómetra ciego
en la vastedad que ya no nos confunde tanto.
De puntos reunidos se hacen signos, claves, indicios.
De hilo se hace el alma que nos cubre.
Un mundo sacudido por la presa.
Un mundo cuyos confines la araña repasa,
la araña que nos mira con el escasísimo ojo de la aguja.

Los dioses muertos conversan sobre el infinito.
Yo les muestro la hostia esmaltada
que de niño me pegaron al cielo de la boca.
Con la hostia de badajo
les repito en un idioma ajeno como caja de fósforos
que todavía creo en ellos.
Repito cada nombre que he tenido a través del tiempo.
Vivo y vuelvo a morir en cada nombre
hasta que una sola hormiga se lleva nuestras voces
y un silencio como de hormiga es lo único que queda.
Soy el hijo de todas las familias.
Soy nadie, les digo,
me parezco a todos.

Mi saliva es de mercurio.
Mi lengua de mercurio salpica y no moja hasta saciar la sed.
Mis palabras son espejos redondos, perfectos,
donde hierven y resbalan las imágenes.
Los dioses no me creen, los dioses no creen en nadie.
Nada, nunca, nadie: altísimo altar del cero,
pirámide de veloces negaciones.
Aquí el polvo es nieve para pobres
y el aleteo de un zumbete asusta más que jabalí.
En cada yagrumo desemboca un río.
El agua que pasa por las ramas escondida
me halla encaramado en una gota de lluvia.
Es como para que me viera Botticelli.

Encabezando el rectángulo de una mesa
Bruno postula el infinito.
La mesa está en Londres, pudo haber estado en cualquier sitio.
La mesa es una ventana que da al cielo,
un telescopio estirando su racimo de huellas digitales.
Con cuánta razón nos equivocamos
al sentir el aguijón del infinito.
Bruno murió como un relámpago.
Mi tabaco también añadió una luciérnaga a la noche.
El fuego llega a las puntas de la estrella
y el destino que coloca piedras sobre la cuna
parece un gato que se astilla maullando,
un perro de sedosa ceniza que nos lame.

Hoy vi nacer una nube.
Siempre nos faltará un pedazo de luna.
Pongamos límites, hagamos un centro,

levantemos en todas las dimensiones nuestra casa.
Horcones de aire y puertas de fuego,
paredes de agua, ventanas de tierra.
No sea nuestra la hospitalidad del jabillo.
Nada en la inmensidad de la casa
oprime tanto como la gota de agua
que separa al océano surcado del océano por surcar.

Horacio abre el Tercer Libro de las Odas
mordiéndole el espinazo a una liebre:
«Al caer los pilotes
los peces sintieron cómo se empequeñecía el océano.»
Multiplicado hasta la risotada
el tamaño no deja de ser una cantidad mansa,
un buey que ara dos veces la tierra del señor.
Pero la imagen
—escurridiza, arisca, perseguida—
salta entre dos números
y nos lleva al rincón donde el animal herido
recoge los huesos que le quedan.
«Al caer los pilotes
los peces sintieron cómo se empequeñecía el océano.»
Un alfiler atraviesa la oreja del venado;
la sostiene en vilo, geométrica, afilada,
como la más alta punta de una estrella.
La hipérbole es una elipsis.
Los peces no sienten
el pesadísimo nacimiento de un muelle
sino el tijeretazo de la navegación.
Mapa, esponja, paradoja: el mundo crece y se acaba.
Una vez más los hombres y los dioses

se matan debatiendo el tamaño de lo inconmensurable.
Cuándo y hasta cuándo debatir
el tamaño de lo inconmensurable.
La lucha entre lo finito y lo infinito,
lo limitado y lo ilimitado,
los dioses y los hombres.
Me dijo José, un campesino:
la ceiba tiene cuatro raíces, como un cohete.
El emperador cree en la extensión
como en el peso del *aureus*.
No hay nada ajeno, piensa,
no hay nada que tus falanges
no puedan arrimar a la escalinata de palacio.
Las fronteras también son un ejército que puedes derrotar.
La ciudad soñada como infinito
es una geometría a la deriva, un muelle que no termina nunca.
«Roma ha condensado ese mundo en el nombre de una ciudad.
Dondequiera que uno haya nacido, vive en su centro.»
La imagen de la condensación
no es la gota de lluvia sino la marea más alta.
Un círculo cuyo centro está en todas partes
y se desorbita, una circunferencia creciendo sin freno
pero siempre a partir del centro mismo, como serpentina
desovillada en todas las direcciones a la vez.

Con el mapa imposible de Arístides,
Pascal hará un modelo posible del infinito.
Otro círculo, otro infierno, una inmensa jaula para Dios.
La imagen salta, se repite
en el rostro de muchos ojos visto por Ezequiel.
Ciudad, círculo, dios: innumerables centros y ninguno.

Los imperios donde no se pone el sol
acaban en llamas.
Para César las fronteras son un ejército enemigo,
una cantidad que los dioses le deben.
Para nosotros la expansión es la muerte del espacio.
Al franquear los límites
no paladeamos el sabor de un crecimiento
sino el resabio de una reducción.
Es ésa la advertencia de Horacio.
Es eso lo que intuyó Bruno
al proponer el fango como modelo de lo infinito.
Se derrumban las esferas.
Comienza el largo exilio de los dioses.
Horacio celebra al Imperio
añorando los límites del griego.
Esa nostalgia me complace
más que un sol perfectamente redondo.
Entre infinitas conversaciones sobre el infinito
Bruno deja una imagen de la naturaleza como ruina.
Ni tierra ni agua: fango.
La mancha, la oscuridad de la culpa,
marca el paso de la deducción a lo inductivo.
Yo soy parte de esa noche.
El infinito y yo nos parecemos
sólo en algunos detalles.

Turgua, 24 de octubre 1984

Nadabrahma

Al cerrar los ojos
Recupero la mirada
Imágenes fugaces
Piedras de humo
Que ocultan
El diamante
De la desesperación
Mi verdadero rostro
Es otra máscara
El párpado
          Una herida
Que al fin cicatriza
—¿Quién eres?
—Estoy aquí
Una respuesta exacta
Estabas desnuda
Eras necesaria
Estallan los colores
En un cielo diminuto y mudo
Contra el párpado todo es blanco
El blanco es negro
El negro
          Una fruta que madura
¿Quién eres?
Ni la boca
          Ni el cielo de la boca
La boca del estómago

La boca del fémur y la tibia
Golpes de sangre cerrada
Un escaso temblor
Ahueca cuatro mil paredes
De carne y de mentiras
Para respirar me oigo respirar
Respiro el ruido de mi cuerpo
Mi nombre es apenas otro ruido

Bienvenidos al relámpago
La madera cuando arde
                El fuego
Cuando es humo
              El humo
Mal tallado
Que sobrevive
En la ceniza
Descubro el cuerpo
No es mío
          Soy yo
¿Quién es yo?
Poder decir siempre
Qué bella esta mujer
Qué clara el agua
Qué luz tan nuestra
Geometría
            Irse a la deriva
Giro
        Lentamente
Sobre el eje vacío
Y vuelvo a saludar

La misma herida
Hueco sin fin
      Círculo
Envenenado por simulacros de perfección
Me sorprendo
En el espejito del calidoscopio
El que soy
      El que fui
El que seré
      El que he sido
El que sería
      El que podría ser
El que hubiera sido
Se reúnen entre dos estrellas
Racimo de imposturas
Tropezar caer perderse
En el centro de la sangre
Una sílaba
Amontona los escombros
De lo que parezco haber sido
De lo que parezco ser
Inventario y tabla rasa
Eres
    Me digo
Ese que empaña al espejo
Pidiendo un fósforo unas señas una limosna
Me petrifico me disuelvo
Me digo piedra mendigo
El rayo de la respiración
Entrecruza cuatro vientos
Hasta señorear un paisaje creciente

Media luna más dormida
Que amarilla
Isla de aliento
   Cercada
Por la altísima marea del silencio

Ser piedra lagarto escama
Ser hasta no ser
Nacer
   Ahora mismo
Recojo mi nombre
     Y lo llevo
Como una flor sin forma a los pulmones
Para ver me veo ver
Mis ojos
   Lajas del río
La corriente mirada
Es
  La mirada
Así vamos
    Así vemos
Mi verdadero rostro
Es mi verdadera máscara
El caracol
   Vuela
El pájaro se arrastra
En el centro de la sangre
La sangre no es mía
Mis propias huellas
Mis propias líneas
   Dédalos de la mano

Trampas telarañas laberintos
Que las cosas digan su nombre
Una culebra atraviesa el camino
No es polvo
        Ni hierba
Es culebra
Tropieza cae piérdete
Despierta conmigo
En la sangre de Icaro
Cuando el frío de la caída
Es lo único
        Que queda
Desde hace siglos
Un barco
        Se aleja
Unos gansos
        Vuelan
Recordando a Euclides
Abajo
El mar afila
        Desordenados colmillos
La espuma
        Nunca ha sido
Tan negra

Constelaciones de cristal
No soy ciego
        Veo la oscuridad
La noche
Se parece
        A mi sombra

Diría Paracelso
Hay una estrella en tu cuerpo
Yo digo
   El leopardo
Tiñe sus manchas
Y el fuego
Estrena cien veranos
Jardines del olvido
La memoria la memoria la memoria
Hoy te quitarás otra máscara
Sientes el corazón
En la rodilla
    En la ingle
En el sexo
Eres un pez
    Y vuelas
Eres un pájaro
Y nadas
    Fieles infieles
Mitades ariscas
    ¿Quién soy
Yo que peso menos que mi sombra?
Lo que tú digas
    El aliento
Donde vive
Una palabra
    ¿Quién soy
Yo que tanto me parezco
A mí mismo?
    Apariencias
Muecas

Mutaciones
El viento
Que dispersa
Mis cenizas

Rajneeshpuram, 4 de mayo 1985

Otra poética

El ojo que mira,
¿qué mira?
La palabra que dice,
¿qué dice?
¿Adiós a dios?

Me baño en un espejo:
el cuerpo es un color
y la distancia otro.

Con letras negras:
hojas verdes.
Con letras negras:
labios rojos
como los tuyos.

Me escondo en tu respiración.
Afilo un cernícalo
hasta que vuela
y quemo la página que lees
con tus ojos que también quemo,
tus ojos negros como letras.

Tú y yo
beberemos juntos
largos sorbos
de un agua más cristalina

que la ausencia.
En una línea final serpenteante
un agua seca que sacia y no sacia.

2 de marzo 1982

Otra carta de Jonás para Tomás el Magnífico

Calla el corazón sus mitades
y promete una verdad mayor.
La duda misma es un puente,
misa de gallos
celebrada en el zumbido de una abeja.
Estercolero de cristales,
nombres astillados, carne que sólo la luz conoce.

El vino, dice Alceo, es un ojo de cerradura
que deja entrever el alma del hombre.
Somos asomos. No hay alma ni hay hombre.
El infinito miente, nunca miente.
Nuestros hermanos nacieron
cuando aún no había eternidad.
Tú y yo nacimos cuando ya no la había.
Es ésa la sangre que mejor compartimos.
Un solo instante de siglos y horas aún más lentas.

El centinela coloca sus negrísimas pupilas
más allá de las estrellas.
Una mujer duerme.
Tu sangre pesa menos que su sueño.
Es una almohada en el centro de una obsidiana tallada,
es decir, en el centro de la noche.
Una sombra tan exacta que sólo cae por dentro.
Manantial de piedras transparentes,
rojas líneas en blanco y negro.

Tales hizo un paraíso
levantando las líneas que el arado dejaba en la tierra.
Pero las formas son animales en acecho, afiladas perfecciones.
El verdadero orden nace del vértigo, nos devora.
«El chavín descubre proposiciones geométricas
en un colmillo de jaguar.»
Cuando repetiste ese colmillazo
yo mostré un abismo de cicatrices redondas
y por un ave de rapiña te di dos ballenas.

Así comienza el encuentro entre Tomás el Magnífico
y un oscuro profeta.
Son de piedra, la piedra es de agua,
el agua de fuego, el fuego de viento.
Son como el tigre que se mira lentamente en un espejo.
En la luz se encuentran.
Columnas de lluvia, agua
rebanada de la piedra maciza,
                                        volúmenes
con que el románico pesa al espacio
y el gótico lo atraviesa.

En el cuarzo tairona las imperfecciones son de oro.
Las barcas de cuarzo nos llevan a la casa de cristal de Tristán,
al círculo celeste del Gwynfid.
El cuarzo es una forma de recordar a los druidas.
También me hizo recordar a Vico.
Si el lenguaje es una fatigosa interpretación
del trueno, te dije haciendo mucha bulla,
la poesía es una glosa muda del relámpago.
Herida de luz, sombra de luz,
relámpago que nunca cicatriza.

Constelaciones enterradas en el párpado.
Un abrir y cerrar de ojos:
el sol y mil eclipses.
Negar la sangre y lo que niega a la sangre:
trucos de magos y mendigos, altísima disciplina.
Ver a una muchacha hermosa completamente desnuda.
Beber agua completamente desnuda.
Desnudarse para el espejo de otro cuerpo.
Así se juntan la verdad y otras mentiras.
La sangre soñada y dividida
se esconde en nuestros cuerpos
como un animal de caprichosas figuras que se queman.

Cuando se trata de esta luz
qué bien muere la mirada;
cómo cae
                    —sin piel ni sombra
ni memoria—
en el altar de otros dioses.

Una mujer duerme.
No olvides que tu sangre
pesa menos que su sueño.

Caracas, 7 de noviembre 1985

Aldaba

Con el cielo entre dos hojas.
Con las mitades de una despedida.
Con la más simple escasez.
Así levantarás cuatro paredes.
Así harás tu casa.

Nueva York, 27 de julio 1984

Silueta

Los pasos que me repartieron por el mundo
conocen mi sombra.

Las cicatrices que dejé sobre la tierra
–tan leves, casi ajenas–
la conocen bien.

Tu voz, tu corazón que no me aprieta,
tus pequeños labios escondidos,
saben de ella más que yo.
Mucho más que yo.

27 de diciembre 1982

Así sea

Una piel
          arrimándose
al sol que la quema.

Unos ojos
colgando estrellas
en los gajos del olmo.

Un corazón
roto como una piedra
contra otro corazón.

25 de agosto 1983

Limosna

No asombra
lo bien que han aprendido.
A todas horas
esperan
la caída de la tarde.
Sus dientes parecen dientes.
Piden
como si midieran
los pasos de un duelo
o se sumaran
a las complicaciones del minué.
Comedidos, según la costumbre.
Para ellos no hay torpeza.

Pira bautismal

See sun, and think shadow.

Louis Zukofsky

En el filo de la llama
siembro los nombres del fuego.
Un segundo dura apenas un siglo.
El tiempo se astilla,
se parte, se desgrana:
hora dada, hora horada,
casi dura y nunca cesa.
Vivir es la semilla
de un árbol de semillas.
¿Cómo se llama
la llama que nos quema?
El tiempo crece
y se hace añicos,
se rompe, se derrama:
hora horada, horadada,
nunca dura y casi cesa.
Vivir es la semilla
de un árbol de semillas.
En el filo de la llama
arden los nombres del fuego.

Nueva York, 10 de septiembre 1984

Oráculo

Está escrito que los que no tienen futuro
no pueden conocer su futuro.
Por piedad los que no tienen futuro no pueden conocer su
    futuro.
Pero tú no eres un desheredado, tú tienes futuro,
tú ya sólo tienes futuro.

Entre los dioses se derraman los granos de sal,
las nubes se dispersan en formas cada vez más caprichosas,
chocan contra la pared los huesecillos marcados,
en el carcaj cada una de las tres flechas da en el blanco,
sube en lentas espirales el humo de la carne quemada,
las gotas de cera caliente arremolinan la superficie del agua,
arde la cabeza de burro y los demonios están a punto de hablar,
chisporrotean las hojas de laurel,
le quitan la venda al niño y el espejo se llena de presagios.

Escucha cómo estallan en la palma de la mano unos pétalos
    de rosa.
Mira cómo entra el anillo de Numa Pompilio en la copa de agua;
mira cómo el gallo salta en el círculo de trigo.
Mira, la semilla de amapola cae sobre las brasas
y se retuercen las vísceras de tu peor enemigo.
Observa cómo el reo lentamente mastica asustado pan de
    cebada.

Todo está escrito para ti.

No hay mancha o movimiento
que no sea una tenue o fugaz línea de tu libro.
El relámpago mismo es una de ellas.
Todo, absolutamente todo, es huella tuya.
Dondequiera que estés, estás en Delfos, estás en Dodona.
Cuanto toques o veas o respires es un libro, un solo libro.

Todo está escrito para ti.
Tu sueño no se queda encerrado en la noche.
En tu noche ya amaneció, en tu noche ya es de día,
hay siempre un gran sol en tu noche.
La mujer embarazada lee el temblor de la llama en el agua.
En el altar de sacrificios pican el hígado.
Ya es ayer y mañana y hoy y toda tu vida.
Relinchan los caballos
y las entrañas del pescado.
La tormenta no desperdicia sus rayos.
Suenan ya las maracas adornadas con plumas.
Los muertos escuchan cada pregunta tuya
con sus enormes orejas de ceniza.
La serpiente se mueve estirando el metal de sus anillos
y escribe lo que también está escrito en las letras de tu nombre
y en el vuelo de las aves.

Mírate en todos estos espejos.
No hay nada que no sea sombra tuya.
No hay nada que no se parezca a tu sombra:
un libro abierto al azar,
las cartas con su escalonada sorpresa,
el *Y King*,
las llamas que mantienen su verdad como un número,

las líneas de la mano que repiten las líneas de la mano,
el golpe exacto de los dados,
la vara de avellano que nos acerca al manantial,
el dedo que tal vez cae como una flecha sobre este verso.

Caracas, 14 de junio 1984

Cuchillo tairona

Me reconocerán entre los muertos,
luego entre los vivos.
Si soy, soy una duda.
Sólo cuento con mi sombra y mi palabra.
He creído en un dios todopoderoso que quizá no exista
y en su único hijo, lo mejor de cada uno de nosotros.
He creído en la casa, allí el viento guarda sus raíces
y se cierra para siempre un cuarto exacto,
pequeñísimo,
que parece un espejo.
He creído en la noche y sus soles,
su lenta oscuridad cabe en dos ojos
o en dos cuerpos reunidos como mitades rotas.
Creo en la belleza, ese relámpago de formas;
creo en las cicatrices que llamamos música, pintura, poema:
en el cielo, mucho más azul cuando lo mancha un pájaro;
y en la amistad, que tiene de artesanía y de misterio.

Hay quien al dar la mano la regala
y hay quien sabe recibir una mano regalada.
Yo conozco a alguien así.
Digamos que eso es la amistad.
El filo de la forma y un tajo hacia arriba.
De repente, hacia arriba.

Caracas, 16 de junio 1984

Hacienda La Mata

Valles de Aragua
Los dioses empapan el casabe
En mi sangre
Todo hierve
Al tocar el polvo
La mano se quema se moja
Algo dicen las cenizas
Los guerreros hablan en la piedra afilada
Las mujeres canturrean
En el maíz negro
                    Petrificado
Que crece todavía
No hay sombra
Ni mi propio cuerpo tiene sombra
La sombra aquí es otro fuego
Vivero de palabras muertas
Cementerio de palabras vivas
Piedras que no son piedras
Hachas huesos urnas astilladas
El culo exageradamente redondo
De una Venus de Tacarigua
Pequeñas asas rotas
Que otra vez son ranas murciélagos tigres
Cuentas regadas como collar para un temblor
Manos de piedra con que ahora escribo
Plomadas hundidas en el polvo
En la ceniza de los dioses

Todo hierve
Se encandila la mirada
El sol es una caja de fósforos
Que estalla entre mis párpados
Se prenden las imágenes se queman
Una llama blanca
En el cenicero de los ojos
Barro las formas del barro
Borro esta línea
Con otra línea que tampoco ves
En una llamarada blanca
Vuela un tucán de piedra
Brilla el pez
Atrapado hace siglos
En una telaraña
La candela de las agallas
Se hincha
        Se vacía
Nube de barro las formas del barro
Se prenden las imágenes se queman
Acaba de nacer otra piedra
Hierve otra nube
Cada sombra es un sol
Cada vez más alto
Una sangre cada vez más remota
Se derrama en mi sangre
Aquí el cuerpo se levanta
Sin sombra
        Sin destino
Borro las manos de piedra con que escribo
En esta línea sólo veo tus ojos

Ardo
>   Muero
Mil veces
Vivo
>   He muerto
He nacido
Creo que he muerto
Creo que he nacido
El cuerpo
>   Ahora
Es sólo eso
Sombra
>   Piedras
Que ruedan hacia un número

>   Caracas, 2 de noviembre 1984

Jardín blanco y negro

De día el color nombra las cosas.
De noche los nombres son cosas,
enmudecen, se confunden.
Si el agua se llama piedra es más dura.

El filo de una llama
corta el espacio entre gajo y cielo.

Es el sol
       –blanco,
               negro–
                      que nos mira.

En el agua que acaba de nacer
la piedra se rompe y salpica.
Ni blanca ni negra,
el agua se llama piedra, es más dura.

Tú lo sabes,
la oscuridad es otro sol más alto;
un nombre y otro dicen lo mismo,
día y noche llaman
a quien está siempre adentro.

No vayas
Deja que las hojas sean verdes.

Para ellas es fácil ser verdes.
Riega tú
            —quemante,
                          quemado—
este jardín que a tu sombra crece.
Aquí ninguna flor marchitará.

                13 de enero 1984

Caja

Jamás escribiré esta línea
Así comienza el poema
Arde
    En el ojo de la aguja
Un paisaje
      Transparente
Y redondo
Fuego la tierra
      Fuego el aire
Fuego el agua
Cuerpo
    A cuerpo
Suma de mitades rotas
Fuego dice la luz
Fuego repite la sombra
Soma
    Sima
La hora
    Ahora
Instante único
Siempre
Mutante ceremonia inmutable
Aboliciones
      Abalorios
Si te miro
Manchas con sangre
Mi sangre

Tu corazón sabe a palabra
Si relinchas
            Lo escupo
Si aúllas
            Lo muerdo
Siempre lo cargo en la boca
Callo
            Cuando late
Late
            Si te llamo
Si llamo
            Con tu nombre
A la otra
El sentido
            Lo sentido
Ni más ni menos
Siempre más
            Y menos
Demasiado menos
Abrir
            Es oscuro
La superficie
            Es el lugar
Donde la luz
            Tiene lugar
Contra el párpado
Contra el olvido
Contra la memoria
Contra la mano
            Disuelta
Al escribir la mano

Contra la palabra
Que tus ojos borran
La palabra escrita
Que nos sirve
                No sirve
Contra ésta
Que
                Ahora mismo
Flota
                Entre
La sensación
                Fugaz
Y el sentido
Vertiginoso precario
Falaz
                Nulo
La palabra leída
Que no sirve
                Nos sirve
Abrir
                Es oscuro
En sima
                Pichón de flores
En cima
                Racimo de gorrión
Encima
El gavilán nace relámpago
Y otro pájaro encina
Aquí te nombro
Aquí te escondo en tu nombre
Te llamo llama

Te llamas llama
¿Qué más quemas?
Busco mi lengua
En el espejo
        Con una mano
Llena de bulla
Arde
        En el ojo de la aguja
Un paisaje
Eres una piedra
Que acaba de nacer
Dame tus piernas
        Yo camino
Dame tus ojos
        Yo veo
Dame la lengua
        Digo
En el cielo de la boca
Aquí te nombro
Aquí te escondo en un color
En una forma
        En un sonido
Transparente
        Y redondo
Tu desnudez me queda bien
Tú prometes un infierno mejor
Te trazo y te destrozo
Te borro y te dibujo
En el lugar
        Donde la luz
Tiene lugar

Las líneas de mi mano
Son las líneas de tu mano
Lees
      Lo que tus ojos
Escriben
Así comienza el poema

4 de octubre 1985